AF458170

L42b
817

DU

DIX-HUIT BRUMAIRE,

OPPOSÉ

AU SYSTÈME DE LA TERREUR.

PAR J. FIÉVÉE.

A PARIS,

Chez MARADAN, Libraire, rue Pavée-Saint-André-des-Arcs, n°. 16.

AN X. — 1802.

DU
DIX-HUIT BRUMAIRE,
OPPOSÉ
AU SYSTÊME DE LA TERREUR.

CHAPITRE PREMIER.

Du Terrorisme et de l'Esprit Militaire.

ÉRIGER le crime en système de gouvernement, et montrer des moyens de salut là où il n'y eut que destruction, fureur, impuissance et sottise, est le plus grand tort qu'on puisse avoir envers la société.

Que ceux qui furent coupables se justifient, rien n'est plus dans l'ordre des choses; par la raison même qu'ils furent publiquement criminels, leurs meilleurs raisonnemens ne seront jamais regardés que comme un aveu de leur secret repentir; mais que des hommes d'esprit oublient ce qu'ils ont vu, ce qu'ils ont éprouvé, toutes les pertes qu'ils ont faites, pour analyser avec méthode le crime et l'ignorance, pour en former, sous le nom de *terrorisme*, un système conservateur, voilà ce qu'on ne croirait pas en le voyant, si, au même instant, on ne se rappelait tout le mal que des écrivains prétendus politiques font, depuis cinquante ans, à l'humanité.

Pour qu'on ne m'accuse pas d'exagérer, je vais citer les propres termes dont s'est servi l'auteur de l'*Essai sur l'Art de rendre les révolutions utiles* (1).

« C'est au terrorisme, dit-il, que la France « elle-même, dans sa position topographique, « doit cette majestueuse et redoutable conte- « nance qu'elle s'est donnée, en s'appuyant sur

(1) On ne peut pas faire un *Art* des moyens de rendre les révolutions utiles, parce qu'en cela tout dépend des circonstances. Un homme peut avoir le *talent* de tirer le meilleur parti possible pour une nation, d'une révolution accomplie ou menaçante ; mais aucun écrivain n'a le pouvoir de réduire l'exercice de ce *talent* en une théorie nommée *Art*. Il est remarquable que tous les livres écrits sur la Politique sont particulièrement fautifs par une fausse application des mots les mieux définis.

« le Rhin, les Alpes, les Pyrénées, l'Océan « et la Méditerranée. Ce sont *les armées de* « *Roberspierre* qui ont tracé ces limites, et qui « ont fait, *dans un clin-d'œil*, ce que Louis « XIV n'osa projeter dans quarante ans de « guerre. »

Avant de prouver jusqu'à quel point une pareille assertion est fausse dans tous les faits qu'elle suppose, immorale dans ses conséquences, et humiliante pour les Français, il est utile d'examiner comment elle a pu être avancée par un écrivain qui ne sait pas tout ce qu'il écrit, mais qui du moins erre toujours avec ce ton qui annonce vraiment l'impartialité.

La mémoire est la ressource avec laquelle les hommes qui ont de l'esprit veulent tout apprendre aux hommes qui n'en ont pas : cette ressource les trahit quelquefois.

Dans un ouvrage intitulé : *Considérations sur la France*, un écrivain de génie, examinant et rapprochant les effets du règne de la terreur, fut épouvanté de la folie de ceux qui gouvernaient alors, et saisi d'admiration pour les armées françaises. Ne pouvant, ou plutôt ne voulant pas approfondir par quel secret moyen il résultait tant de gloire au-dehors de tant d'humiliation et de lâcheté dans l'intérieur, il fit du terrorisme une arme entre les mains de la Providence, pour frapper à-la-fois les peuples et les rois, et les ramener réciproquement à leurs devoirs, par un exemple grand et unique dans l'histoire du monde. Cette idée est sublime. L'auteur de l'*Essai sur l'Art de rendre les révolutions utiles*, se l'est rappelée; il l'a mise à sa portée, c'est un malheur.

La révolution française est un événement assez mémorable en lui-même et assez important dans l'avenir, pour que les écrivains politiques ne se permettent d'en rien consacrer sans avoir long-temps réfléchi. Aussi, lorsqu'un principe faux est avancé, il est nécessaire de se presser d'arrêter les conséquences qu'on pourrait en tirer. Le plus dangereux de tous les principes est celui qui confondrait la terreur et l'esprit militaire, qui de l'une ferait sortir l'autre. Jusqu'à présent ce que nous avons de plus pur, c'est la gloire : conservons-la.

Le terrorisme n'a été qu'une folie destructive; l'esprit militaire fut au contraire, à toutes les époques de la révolution, un moyen de conservation; cela est assez extraordinaire pour qu'on le remarque, et assez distinct pour qu'on ne s'avise jamais de le confondre. Il n'y a eu sur nos frontières que des *armées françaises ;* c'est dans l'intérieur seulement qu'il faudrait chercher *les armées de Roberspierre*, si l'obscurité qui les environne aujourd'hui ne les mettait à l'abri de toutes recherches.

Cette vérité est si évidente, qu'on s'étonne d'être obligé de l'écrire ; les agens de la terreur l'ignoraient si peu, que jamais ils ne confièrent à un général l'exploitation du terrorisme ; des représentans du peuple allaient en personne l'exercer aux armées. Et comme si la Providence eût décidé que l'expérience ne serait point perdue pour les Français, elle voulut que parmi les hommes envoyés en mission sur les frontières avec un pouvoir sans bornes, pas un seul ne se distinguât par des faits militaires ; tandis qu'elle voulait aussi qu'aucun des généraux qui fixaient l'admiration de l'Europe, ne se déshonorât par une participation directe au règne de la terreur. Ceci est sans exception. Quelques discours hasardés, jetés par quelques-uns, ont seulement prouvé qu'ils savaient mieux commander que parler ; leurs discours sont oubliés, leurs actions restent ; c'est que leurs discours n'ont eu aucune influence, tandis que leurs actions ont eu de l'utilité et de l'éclat (1).

---

(1) Ce qui s'est passé dans la Vendée confirme cette

Les agens de la terreur connaissaient si bien la différence entière qui existait entre leur esprit et l'esprit militaire, qu'ils tuèrent des généraux, qu'ils en proscrivirent, et n'en appelèrent aucun à partager avec eux le gouvernement. Il fallut que les militaires y entrassent de force et par nécessité, et le seul reproche qu'on puisse leur faire, est d'y être arrivé trop tard : ils l'auraient dû et le pouvaient plutôt.

Il est absurde de confondre, de faire naître l'un de l'autre deux esprits aussi opposés que le furent constamment le terrorisme et l'esprit militaire; aujourd'hui encore si l'on voulait désigner l'époque présente de la révolution, on ne le pourrait qu'en observant et détaillant le combat continuel qui existe entre l'esprit de la terreur et l'esprit militaire ; et c'est parce que

---

assertion, quoique dans les guerres civiles tout se conduise souvent contre les principes mêmes de ceux qui commandent. L'esprit de terreur augmenta sans cesse le mal qu'il prétendait arrêter; l'esprit militaire voulut pacifier et réussit. J'ai, par une circonstance assez extraordinaire, passé plus de trois mois avec des chefs de chouans, hommes fort aimables et très-sincères dans la conversation intime; ils rendaient tous justice à la loyauté du général Hoche, et m'ont plusieurs fois assuré qu'ils mettaient plus de confiance dans sa parole, que dans toutes les promesses du directoire.

l'esprit militaire a toujours été conservateur, qu'il combat encore; s'il avait la moindre ressemblance avec le terrorisme, il ne combattrait plus depuis long-temps.

CHAPITRE II.

Sur l'Art de gouverner.

LE christianisme, en perfectionnant l'humanité, a donné de la stabilité aux empires : ceux de l'Europe datent de loin. Plus les empires durent sous le même nom, même en changeant de formes, plus les rapports qu'ils ont entre eux deviennent actifs, directs et compliqués. Première difficulté dans l'art de gouverner, que ne devinaient pas les peuples de l'antiquité. Alors chaque nation était isolée ; maintenant chaque nation fait partie d'un tout qu'on appelle l'Europe.

La découverte du Nouveau-Monde, en agrandissant l'ancien, a de nouveau compliqué les rapports des empires qui se balancent en Europe, a jeté l'intérêt du commerce *à travers* la gloire et les intérêts de l'État, a changé les usages, les mœurs, peut-être aussi le sang européen, et mis le passé en contradiction avec le présent et l'avenir. Deuxième difficulté dans l'art de gouverner, que ne devinaient pas les nations de l'antiquité, et les gouvernemens qui succédèrent immédiatement à l'Empire romain.

La stabilité des empires, l'agrandissement du commerce devaient aider et ont aidé à rendre les connaissances plus générales; l'imprimerie est venue seconder puissamment ces deux dispositions. Les hommes sont sortis de l'enfance; ils se sont crus instruits, parce qu'ils étaient encore près du temps où ils ne savaient rien; mais trop peu habiles pour juger leur position, leurs avantages, ils ont cherché des modèles dans l'antiquité, sans pouvoir comprendre qu'ils valaient déja beaucoup mieux que ce qu'ils voulaient imiter. Il s'est établi entre leurs desirs et leurs intérêts une contradiction qui les a rendus inquiets, malheureux, au milieu de tous les moyens de prospérité. Troisième difficulté dans l'art de gouverner.

On ne saurait trop le faire remarquer, puisque c'est à cela que tient particulièrement la révolution; plus l'art de gouverner devenait *difficile*, et plus les écrivains politiques-philosophes prétendaient rendre cet art *populaire*. Ils réussirent. Chacun se crut digne de participer au gouvernement de son pays. Les rois seuls restèrent convaincus des difficultés et en furent effrayés. C'était le moment du courage ; mais l'opinion populaire gagna les rois eux-mêmes ; ils ne crurent pas qu'il leur fût aisé de gouverner, ils allèrent plus loin ; ils se persuadèrent réellement que les nations en savaient, à cet égard, beaucoup plus qu'eux. Les nations parlaient avec tant d'assurance par la voix des philosophes ! Louis XVI fut de bonne foi, et la France entra dans la carrière des révolutions (1).

En posant en fait que jamais l'art de gouverner n'a été plus difficile que de nos jours, il faut ajouter, comme une vérité aussi constante, que,

---

(1) On a accusé Louis XVI d'ignorance ; il serait trop facile de prouver qu'il avait beaucoup plus étudié qu'il ne le devait avec l'esprit et le caractère que la nature lui avait donnés. C'est dans ses lectures qu'il prit la triste résolution de chercher le bonheur des Français hors de son cœur et de son pouvoir. Toutes les lectures ne conviennent pas plus à toutes les têtes, que tous les vins ne conviennent à tous les tempéramens. Il y a, dans la masse des livres de chaque nation, un désordre qui doit nécessairement mener la plus grande partie de ceux qui étudient à l'erreur savante, la plus dangereuse de toutes.

de tous les États de l'Europe, les deux seuls où les difficultés restent toutes entières, sont l'Angleterre et la France; l'Angleterre, parce qu'elle a fondé son système de prospérité sur les difficultés mêmes; la France, par sa position qui, entre les mains d'hommes habiles, la rendra toujours pour une grande partie de l'Europe, ce que l'Europe est aux autres parties du monde.

CHAPITRE III.

L'Assemblée constituante.

ENTRE l'esprit qu'il faut pour écrire ou raisonner sur la politique, et le talent nécessaire pour gouverner, il y a une différence telle qu'on pourrait affirmer qu'elle va jusqu'à l'opposition; aussi les écrivains politiques-philosophes ont-ils toujours été opposés à ceux qui gouvernent. Ce qui n'est pas moins digne de remarque, c'est que, depuis le moment où en France les écrivains politiques l'emportèrent sur les littérateurs, la France n'a pas compté un seul grand ministre; tandis que, dans le siècle où la littérature brilla d'un si grand éclat, et où l'art de gouverner se montra par-tout, excepté dans les livres, tous les hommes appelés au ministère par Louis XIV, dans sa vigueur, devinrent des ministres habiles. Ceci n'est point l'effet du hasard (1).

L'Assemblée constituante était composée d'hommes de beaucoup d'esprit, dont la plupart, d'un côté comme de l'autre, avaient écrit sur la politique, parlé sur les lois, raisonné sur les constitutions, et ont tous se croyaient capables de gouverner. Cependant, excepté Mirabeau, il n'en est pas un seul qui sut constamment ce qu'il faisait. Je ne prétends tracer ici ni l'éloge, ni la critique de cet orateur; j'observe seulement qu'il agit toujours conformé-

(1) L'esprit d'analyse est destructif de sa nature, car on n'analyse qu'en décomposant; toutes les fois que, dans un pays, cet esprit sera dominant, il s'attachera à tout, il décomposera tout, la grandeur, la gloire, la politique, les mœurs et les lois. L'esprit de la haute littérature au contraire, tous les arts d'imagination, sont essentiellement créateurs et vivifians. Que l'on parcoure l'histoire, et l'on verra par-tout l'esprit littéraire témoigner la splendeur des gouvernemens, et l'esprit philosophique annoncer leur chûte. Où les mêmes causes sont toujours précédées des mêmes circonstances et suivies des mêmes effets, on ne peut admettre l'influence du hasard.

ment à ses vues, et qu'il trompa ses partisans sans jamais se tromper lui-même. Mirabeau avait le génie de la politique, c'est pourquoi sa réputation survit aux événemens.

Tous les autres membres de l'Assemblée constituante attaquèrent et défendirent l'ancienne constitution de la France sans la connaître, sans même être bien persuadés que la France eût une constitution; c'était un objet que nos derniers rois avaient permis de mettre en discussion.

Il est au moins bizarre que dans un pays qui avait un gouvernement décidé dans sa forme et dans sa succession, qui reconnaissait trois corps distincts et leur réunion sous le titre d'états-généraux, on mît en problême si la nation avait un mode déterminé d'existence; ce qui est encore plus extraordinaire, c'est que le problême fût résolu négativement, sur les instances du roi, par la majorité de ceux-mêmes qui étaient assemblés en vertu de cette constitution.

Mais il était alors à peu près convenu dans l'opinion publique qu'une constitution devait être écrite par *preuve* de son existence, et ce fut de la meilleure foi du monde que l'Assemblée constituante voulut constituer la

France. Cette prétention de vouloir tout régler sur le papier, étoit une suite naturelle des écrits politiques répandus depuis quarante ans, et comme les écrivains philosophes avaient recherché très-métaphysiquement l'origine des sociétés, l'assemblée constituante crut indispensable de commencer son ouvrage par une thèse métaphysique. Ce que les hommes qui gouvernent, cachent avec autant de soin que de raison à ceux qu'il faut gouverner, fut mis en évidence par l'Assemblée constituante, qui brisa la politique pour premier essai de sa carrière politique (1). Tout le reste s'ensuivit et devait s'ensuivre. La nécessité reconnue de faire une constitution, supposait qu'il n'y en avait pas, ou que l'ancienne était détruite; la nécessité reconnue d'une déclaration des Droits de l'homme allait encore au-delà, car elle supposait que la société elle-même, dont la consti-

---

(1) Les publicistes de nos jours ont cru faire de grandes découvertes, en mettant en évidence ce qu'on peut d'autant moins accuser les véritables politiques d'avoir ignoré, qu'ils ont toujours redoublé d'efforts pour le cacher; à peu près comme Helvétius crut avoir découvert de grandes vérités, en déterrant honteusement dans le cœur de l'homme, ce que toute la morale des siècles avait pris soin d'y étouffer.

tution n'est que la forme, était également anéantie. Certes, on ne peut pousser les suppositions plus loin.

Ce qui cessait d'exister, ce qui n'existait pas encore, les habitudes et les espérances, les systêmes et la possibilité, se combattirent jusqu'au moment où la lassitude fit dire à l'Assemblée constituante que la constitution était achevée. Bien peu croyaient alors que cette constitution fût autre chose qu'une brochure politique; mais comment l'avouer? Il aurait fallu convenir de cette vérité d'expérience, que rien n'est plus difficile que l'art de gouverner. L'Assemblée constituante avait cru le contraire; malgré l'épreuve qu'elle venait de faire, elle n'était pas encore dissuadée; elle aurait dit volontiers : « Notre constitution marcherait, si « tout le monde voulait lui prêter la main. » D'abord c'était une niaiserie; ensuite, jamais tout le monde ne veut, et c'est positivement par cette raison que les États ne se conservent qu'à l'aide d'un gouvernement assez puissant pour forcer tout le monde à vouloir, ou plutôt pour que personne ne soit même tenté de ne pas vouloir. L'Assemblée constituante ignorait cette vérité, parce qu'elle avait étudié la politique dans les livres, et que les écrivains-politiques-philosophes tiques-philosophes sont, par nature, opposés aux anciens gouvernemens. S'ils ne les attaquaient pas, qu'écriraient-ils (1)?

Avant cette Assemblée, on ne savait pas encore tout ce que de petites idées peuvent occuper de place dans de petites têtes; elle l'apprit à l'Europe. Elle avait été convoquée dans des circonstances où la croyance que rien n'est plus facile que l'art de gouverner était une prévention nationale; elle se retira après avoir rendu cette prévention populaire.

CHAPITRE IV.

L'Assemblée législative.

L'ASSEMBLÉE constituante, pour se conformer aux principes des écrivains politiques-philosophes, qui donnaient le ton à la France, avait réduit le gouvernement à une faiblesse si grande qu'il ne pouvait plus se soutenir. Les

(1) Les écrivains politiques se glissent et se multiplient dans les anciens gouvernemens, comme les rats dans les vieux bâtimens; ce qu'ils y font, ajoute au mal qui leur a permis de s'y introduire.

Constituans qui craignaient d'être responsables de sa chûte, se retirèrent, et l'Assemblée législative fut appelée pour assister à cette triste catastrophe. C'était sa seule mission; elle s'en alla dès qu'elle fut remplie.

CHAPITRE V.

La Convention.

Le Roi tombé, il devenait indispensable de travailler à un nouvel acte constitutionnel, et comme il n'y avait même plus ce fantôme de gouvernement dont le nom était pourtant encore quelque chose, tous les pouvoirs se trouvèrent réunis dans une assemblée.

De qui était composée cette assemblée devenue si fameuse sous le nom de *Convention*? d'hommes encore plus étrangers à l'art de gouverner que les membres de l'Assemblée constituante, car ils arrivaient de plus loin au gouvernement; ils n'en connaissaient rien que ce qu'ils en avaient vu dans les livres des politiques-philosophes. Ils crurent que c'était assez, ou plutôt ils crurent qu'il était impossible d'en savoir davantage.

Ce fut donc de bonne foi qu'ils se persuadèrent être en état de gouverner provisoirement la France, et de lui assurer des lois pour l'avenir. Comme Montesquieu était cité dans l'Assemblée constituante, Mably et Rousseau furent cités dans la Convention, et je ne crois rien hasarder, en disant que l'Assemblée constituante fut en effet à la Convention ce que Montesquieu est à Rousseau et à Mably.

Les erreurs de la Convention furent celles mises en crédit sous le gouvernement monarchique même, et ses torts furent ceux de sa position. Je ne dirai rien de ses crimes; elle gouvernait en parlant (1).

Ce furent les écrivains philosophes qui apprirent aux peuples à déraisonner sur l'art si difficile de gouverner; ce furent les Grands de l'ancien régime qui soutinrent les écrivains philosophes contre le gouvernement monarchique, et qui les présentèrent à l'adoration publique. Avant la révolution, il sembloit que les nobles

---

(1) Gouverner à la tribune est une folie, administrer à la tribune est une sottise : cette distinction peut servir à classer les hommes de la révolution, en n'oubliant pas cependant que l'on guérit les fous, et jamais les sots.

missent autant d'empressement à descendre, que les roturiers témoignaient d'ardeur pour monter. Est-il étonnant qu'ils se soient rencontrés ?

Sans les écrivains politiques-philosophes, où les hommes qui arrivèrent à la Convention auraient-ils pris des idées sur la nature du gouvernement ? où auraient-ils puisé cette assurance qu'ils étaient capables de gouverner? J'en appelle à l'expérience : si quelques-uns ne portèrent à la Convention que des passions désordonnées, tous les autres y portèrent la présomption qu'ils étaient destinés à fonder un gouvernement éternel ; et c'est parce qu'ils ne pouvaient même pas soupçonner leur ignorance, qu'ils devinrent cruels.

Et Mably, et Rousseau, et Voltaire avaient prononcé, l'un des principes de républicanisme sévère, l'autre le principe de la souveraineté active du peuple, l'autre la destruction du christianisme, et la beauté de la *religion naturelle*, et tous ensemble et leurs fauteurs, la condamnation de tout ce qui existait avant la révolution (1). La réputation de ces écrivains

---

(1) La *religion naturelle* est une de ces absurdités en crédit dans le dernier siècle : cela ne signifie rien, ne

était telle alors qu'aucun des membres de la Convention n'était en état d'y résister; plus ils les lisaient, plus ils y découvraient de choses nouvelles pour eux à qui tout effectivement devait paroître bien nouveau. La lecture du soir donnoit la pensée d'un gouvernement ou tout au moins d'une constitution pour le lendemain; ils arrivaient à la tribune ou sur leurs bancs, tout pleins d'un grand bien à faire, ou d'une destruction indispensable au bonheur public. Les contradictions ne les effrayaient pas, les écrivains politiques-philosophes ne sont remplis que de contradictions; et comme ces écrivains procèdent toujours par principes incontestables, les législateurs qui les mettaient en œuvre ne pouvaient pas souffrir que l'on contestât.

Cependant, selon l'ordre invariable des conséquences, les obstacles se multipliaient par les folies, et les folies par les obstacles; mais des législateurs absolus qui ne connaissaient l'art de gouverner que par les livres, ne voyaient pas

---

peut rien signifier. Les philosophes entendent par ces deux mots contradictoires, le *déisme*; ils ne savent pas que le déisme est un sentiment, et non une religion; ils ne savent pas qu'un sentiment est individuel, et que la religion est pour la société.

que les obstacles étaient dans les choses, parce que cela ne se voit *jamais* dans les livres; ils attribuèrent donc tous les obstacles aux hommes. Qui devaient périr des hommes ou des principes? Les hommes, sans doute, car les principes sont éternels. Voilà le terrorisme, le voilà dans sa véritable cause. Prenez la somme entière des folies, faites le total de toutes les manières dont un homme était déclaré digne de mort, et vous aurez une double addition exacte dans chaque résultat. C'est parce que les folies se multiplièrent à l'infini, que les plus fous furent eux-mêmes déclarés coupables par eux-mêmes; cela est d'une conséquence si rigoureuse, qu'il était impossible que cela arrivât autrement.

Et c'est de l'absence de toute raison, de toute politique, de tout gouvernement, de toute mesure, que l'on veut faire sortir un *systême!* et c'est de ce systême qu'on prétend faire naître cet esprit public militaire qui a étonné l'Europe en fixant les destinées de la France! O honte! Jusqu'à quand sera-t-il permis à des écrivains politiques de confondre ce qu'il serait de l'intérêt national de séparer, si les malheurs du temps avaient voulu qu'il y eût confusion?

CHAPITRE VI.

Les Armées.

L'ESPRIT public militaire qui sauva la France, ne naquit pas de la révolution; il appartient aux Français indépendamment de toutes les formes de gouvernement qu'on ait tenté de leur faire subir; loin d'avoir été engendré par le terrorisme, s'il lui a survécu, c'est que les politiques-philosophes n'ont jamais pu rien changer au gouvernement des armées. Il faut du moins rendre cette justice à la noblesse française, que, quoiqu'émerveillée la première des idées *libérales* qui l'avaient perdue avant qu'on ne la détruisît, elle a toujours repoussé par sentiment les innovations qui pouvaient attaquer la gloire militaire. D'ailleurs, les philosophes auront beau faire, avec toute l'égalité possible, il n'en faudra pas moins une subordination directe et physique dans les armées, et un chef unique, ne fût-ce que pour chaque jour de bataille. La métaphysique politique recule devant cette nécessité, et c'est pour cela que la véritable idée du gouvernement indispensable pour un grand peuple, s'est conservée dans les camps, alors qu'elle semblait se perdre pour jamais sous le fatras des maximes philosophiques.

Des hommes de loi consentiront bien à entrer par douzaine dans un comité de gouvernement; ils savent comment on délibère, beaucoup mieux qu'ils ne devinent comment on commande; mais un Militaire a l'instinct du gouvernement avant d'avoir pensé à en étudier la *théorie*, et s'il consent à se placer entre ses égaux, c'est à condition qu'il sera le premier. Cela est de rigueur (1).

De tous les militaires destinés à gouverner après une révolution, celui qui a les chances les plus favorables pour arriver le premier, et celui qui doit gouverner le mieux, est incontestablement celui qui aura commandé les armées le plus loin de sa patrie, parce qu'alors le com-

---

(1) La théorie du gouvernement se réduit à quelques maximes générales, comme la théorie de tous les arts; aussi notre langue, dont la sagesse n'est pas assez reconnue, dit *l'art de gouverner* et *la science de l'administration*, parce qu'on peut étudier l'administration, et devenir bon administrateur à force de travail; mais on n'apprend pas l'art de gouverner quand on ne porte pas dans son caractère l'instinct du commandement.

mandement des armées entraîne nécessairement, par le fait, un pouvoir sans bornes sur les pays conquis, et une surveillance forcée sur toutes les parties de l'administration. De-là, des idées précises sur les choses et sur les hommes ; de-là des idées précises sur l'art de gouverner. L'expérience lui enseigne à oublier ce qu'il a appris dans les livres des politiques-philosophes ; plus il profitera de cette expérience, plus il mettra de puissance dans le gouvernement ; plus le gouvernement sera fort, moins il y aura d'hypocrisie dans le préambule des lois, et de terreur dans leur action. La terreur et l'hypocrisie sont la ressource des gouvernemens faibles, et je ne conçois pas comment l'auteur que je combats ose avancer que le terrorisme créa le gouvernement *le plus énergiquement constitué.* Quel abus d'appeler une boucherie, gouvernement, et gouvernement énergiquement constitué un état de choses dont la faculté de durer diminuait à proportion de la violence toujours progressive de cet état (1).

---

(1) Le gouvernement de la terreur était solide comme un fleuve glacé tant que le grand froid dure ; mais la rigueur n'a qu'un temps ; quand elle cesse, la glace rompt, ensevelit ceux qui reposaient sur elle, et

Avant de dire : *le terrorisme a sauvé la France*, ce qui n'est pas vrai, puisqu'à l'époque qui précéda le 18 brumaire la France n'était rien moins que sauvée, et que le terrorisme reprenait de nouvelles forces, il serait indispensable d'examiner d'abord si la terreur n'avait pas appelé sur la France tous les dangers qui la menaçaient. Avant de faire les honneurs de la victoire à *la guillotine roulante* (1) placée derrière l'armée pour la soutenir, il faudrait examiner si nos armées n'ont jamais vaincu qu'à l'aide de cet infame moyen; et si l'on retrouve par-tout la gloire militaire libre de toute terreur, alors, loin de faire honneur au terrorisme de son ignoble guillotine, il faudra le vouer à l'exécration des siècles pour ce fait principalement, qu'il fut assez vil pour tenter d'avilir le courage français, et pour essayer de déshonorer aux yeux de l'Europe ce qui seul pouvait forcer son admiration, alors que le régime intérieur de la France était plus fait pour exciter sa pitié que ses craintes.

Mais c'est trop descendre que de s'occuper à réfuter l'opinion qui confond le terrorisme avec

brise impétueusement dans sa course tout ce qu'elle rencontre.

(1) *Essai sur l'Art de rendre les Révolutions utiles.*

l'esprit militaire, qui fait naître le second du premier, lorsqu'il est prouvé par des faits si nombreux, si nouveaux, si éclatans, que la terreur appela tous les dangers sur nos frontières, et que l'esprit militaire les repoussa; que la terreur ne laissait pas un réfuge à l'innocence dans l'intérieur de la France, et que les victimes se sauvaient dans les armées; que la terreur moissonnait jusqu'aux généraux couverts de la victoire, et que les généraux protégeaient les malheureux fugitifs qu'ils avaient ordre de livrer à la mort.

Si des faits prouvés, on passe aux suppositions possibles, que l'on prolonge en idée le règne de la terreur, et que l'on cherche ce que la France serait devenue. Sans remonter jusqu'à Roberspierre, qu'on pense à la position de la France avant le 18 brumaire; que, retranchant cette journée, on abandonne son imagination à la carrière si grande des conjectures, et qu'on dise ensuite si le terrorisme avait sauvé la France, s'il avait créé l'esprit militaire. Qui n'affirmerait au contraire qu'il serait parvenu à le faire mourir? Depuis que l'esprit militaire a passé dans le gouvernement, tout est création, tout est conservation; le 18 brumaire s'est élevé pour repousser toute accusation d'alliance entre les armées et le terrorisme; et c'est lorsque les preuves sont faites, lorsqu'elles ont engagé sans retour, que *l'esprit* d'un écrivain vient, sans malice, répéter ce que les héritiers de Robers-pierre dirent dans le temps, par la *nécessité* très-politique d'éloigner d'eux le jugement des armées.

Je le répète : la révolution française est un assez grand événement pour que l'on n'en consacre rien sans beaucoup de réflexion, et puisque les écrivains politiques-philosophes ont amené ce terrible événement, que du moins les écrivains politiques qui ne sont pas philosophes, n'empêchent point, par de fausses explications, qu'il ne soit un exemple pour les siècles à venir.

CHAPITRE VII.

Le Directoire.

Si les hommes réfléchissaient que rien n'est plus difficile que de revenir sur le passé, ils seraient moins prompts à prodiguer le temps qui leur appartient encore. Loin que la terreur fût capable de rien organiser, elle sut si peu se conduire elle-même, qu'elle s'engloutit dans l'abîme que son ignorance agrandissait chaque jour. Sa chûte produisit un moment de triomphe et de désordre; mais l'impossibilité de revenir sur le passé réunit bientôt tous ceux qui en étaient responsables, et c'est alors qu'ils voulurent, *pour la première fois*, ériger le terrorisme en systême.

Après l'assassinat de Romulus, chaque sénateur, par une petite ambition et une grande crainte, prétendit régner à son tour pendant cinq jours; après le sacrifice de Roberspierre, chaque membre de la Convention voulut être à son tour partie des comités de gouvernement. Ce n'était pas avec des comités de gouvernement, et des comités de gouvernement sans cesse renouvelés, qu'on pouvait se mettre à l'abri de l'avenir.

Le peuple romain s'était promptement lassé des rois de cinq jours, et avait forcé le sénat à élire un roi tout entier: le peuple français n'exprimait pas ses desirs, mais il s'agitait sur tous les points. La petite ambition de tous les membres de la Convention céda alors devant les grandes craintes, et l'on brocha à la hâte une constitution où il y avait du moins quelque chose qui pouvait ressembler à un gouvernement.

Ce que la Convention avait renoncé à faire, le Directoire le tenta; c'est-à-dire qu'il se chargea de *régulariser les effets de la terreur*; c'était une chose impossible, sur-tout pour ceux qui y avaient participé. La volonté déterminée de régulariser le terrorisme, sans cesse en contradiction avec l'impossibilité de réussir, produisit des déchiremens politiques, et enfin la chûte du Directoire.

La constitution ne fut pour rien dans tout cela; les événemens sortirent des événemens et de la position de ceux qui étaient chargés de les diriger. Qu'à la place de cinq hommes, on n'en eût mis qu'un au Directoire, qu'on lui eût donné les mêmes attributions accordées au gouvernement consulaire, et cet homme de la terreur, chargé par les siens, et forcé par ses craintes, de régulariser les effets de la terreur, n'eût rien fait, rien pu faire de ce qui s'est opéré depuis le 18 brumaire. Ce n'est pas du terrorisme qu'il pouvait sortir un gouvernement conservateur, et lorsque l'auteur que je combats va jusqu'à prétendre que si Roberspierre avait eu le talent de sa position, il aurait régné en renversant lui-même le terrorisme, il procède, comme l'Assemblée constituante, par des suppositions impossibles.

On ne règne pas dans un pays à-la-fois couvert de gloire et d'ignominie, quand on n'a pour soi que l'ignominie; les Etats en révolution ne se sauvent point par des constitutions, mais par des hommes; les hommes ne sauvent leur pays qu'en recréant un gouvernement, et un gouvernement ne s'élève au-dessus de toutes les destructions qu'à l'appui de la gloire personnelle d'un seul, qui réunit à lui l'estime de tous ceux qui ont acquis de la gloire. Encore, pour qu'il puisse gouverner, faut-il qu'il fasse lui-même sa part dans le gouvernement, car si on la lui fait, il ne tient rien. Les révolutions ne se terminent pas autrement, ou l'histoire a constamment menti.

Toutes les fautes du Directoire, une seule exceptée, tinrent donc à la tâche qu'il reçut de régulariser les effets de la terreur. Ceux qui combattirent le Directoire ne firent aucune faute qui ne fût celle de leur position; et la preuve aujourd'hui se tire de ce qu'ils sont encore accusés par les uns d'avoir été trop lentement, tandis que d'autres leur reprochent d'avoir été trop vîte (1).

---

(1) L'auteur de l'*Essai sur l'Art de rendre les révolutions utiles*, dit que les députés opposés à la terreur allaient *comme des corneilles qui abattent des noix* :

Le fait incontestable est qu'ils allèrent comme la France elle-même qui, voyant le terrorisme toujours présent, toujours prêt à reprendre de nouvelles forces, communiquait son effroi et donnait le mouvement aux députés qui combattaient pour éviter le retour de la terreur. Cet effroi n'était pas sans motif. Ce qui s'est passé après le 18 fructidor, ce qui est arrivé depuis le 18 brumaire, s'accordent pour témoigner, d'une part, que le Directoire croyait ne pouvoir régulariser les effets de la terreur qu'en l'entretenant; de l'autre, que les députés proscrits ne demandaient rien qu'il ne fût très-facile d'accorder aux Français sans le moindre danger d'amener la contre-révolution. La résistance des députés proscrits ne fut pas perdue pour la France, et leur proscription reste d'autant plus honorable qu'elle a été utile. Lorsque le public jouit des effets, la reconnaissance peut remonter jusqu'à la cause; elle peut avouer qu'aux armées, comme dans l'intérieur, ce fut presque toujours en combattant que les hommes se formèrent, et qu'ils préparèrent l'esprit qui rendit le 18 brumaire

---

il est vrai qu'il demande pardon pour l'expression; ce n'est pas assez; il fallait peut-être aussi demander pardon pour la pensée.

maire aussi facile que ses suites ont été heureuses.

La faute que fit le Directoire, et qui ne tenait pas directement à sa position, consiste à avoir moins basé son pouvoir sur les lois et l'esprit qui l'avaient créé, que sur les victoires de nos Armées; aussi tomba-t-il sans défense à l'époque où son ignorance dans l'administration dont il se mêlait beaucoup trop, amena des défaites par la misère. Fonder un pouvoir sans bornes sur des conquêtes, et vouloir écarter tous les militaires du gouvernement, est une conception métaphysique qui, dans la position du Directoire, devait avoir pour résultat l'introduction forcée des militaires dans le gouvernement.

Aussi ce qui arriva au Directoire ne fut qu'une conséquence de son systême. Imbu des maximes de la Convention, il ne voyait que les royalistes qui ne pouvaient rien, parce qu'ils n'étaient rien, et il ne voyait pas les armées qui pouvaient tout, parce qu'elles étaient tout. Le plus grand mal sans doute du 18 fructidor est de n'avoir pas eu pour lendemain le 18 brumaire. Que de maux on eût épargné à la France, et avec quelle facilité on les eût épargnés! N'eût-on pas été en droit de dire alors à Paris, ce que trois longues années après à Saint-Cloud, on objecta à ceux qui, ayant violé la constitution, prétendaient l'opposer à l'invincible ascendant des événemens? Mais de grandes erreurs nationales en politique exigent peut-être, pour être guéries, plus de malheurs que la raison et l'humanité ne consentiraient à en accorder, et sans doute la Providence avait décidé que des hommes de bons sens seraient encore offerts en holocauste aux principes de la révolution, pour obtenir la guérison des fous.

CHAPITRE VIII.

Le 18 Brumaire.

On ne fait des systêmes qu'en isolant les vérités; en les rapprochant toutes, les événemens les plus extraordinaires s'expliquent naturellement.

La révolution fut destinée à rappeler aux peuples et aux rois que l'art de gouverner augmente en difficultés avec les progrès de la civilisation. La révolution devait corriger particulièrement les Français des nouveaux préjugés que les écrivains philosophes avaient substitués à ceux déjà bien usés par le temps, et qui étaient d'autant moins dangereux qu'ils se liaient à de bonnes habitudes. L'Assemblée constituante frappa le roi, la noblesse et le clergé; la Convention frappa tout, et au moment où les plus incorrigibles se frappèrent entr'eux, les Français généralement sentirent le besoin d'un gouvernement protecteur. Depuis la fin de Robespierre jusqu'au 18 brumaire, tout ce qui arriva fut constamment dirigé, dans l'ordre des événemens, à préparer ce gouvernement desiré avec mille modifications, car ce desir national était une sensation beaucoup plus qu'un raisonnement.

Mais, avant d'obtenir ce gouvernement, il fallait que plusieurs conditions préalables fussent remplies. Pour gouverner, il ne suffisait pas qu'un homme possédât une grande gloire personnelle; il était indispensable qu'il eût des idées fixes sur l'art de gouverner, et ces idées ne se forment que par l'expérience. La guerre d'Italie fut une étude continuelle dont l'expédition d'Égypte forma le complément. De même que le Prince royal de Prusse écrivait de bonne foi en faveur de la philosophie, et que ce prince, devenu roi, s'amusait des philosophes en prédisant qu'ils iraient trop loin, de même Bonaparte (car il faut bien le nommer, même en ne voulant s'occuper que des choses), de même, dis-je, Bonaparte oublia, en gouvernant les pays conquis, les fausses maximes reçues comme des vérités politiques depuis le règne de la philosophie, et il parvint, en agissant, à concevoir l'art de gouverner dans toute sa grandeur et dans toutes ses difficultés.

Alors il fut digne d'arrêter la révolution, et d'en régulariser les effets (1); alors il fixa sur lui les projets de tous ceux (quelles que fussent d'ailleurs leurs opinions politiques) qui pouvaient contribuer à réaliser les desirs que tous

---

(1) Il y a une grande différence entre régulariser les effets de la révolution et prétendre régulariser les effets de la terreur; cette différence est telle qu'il ne serait pas impossible de prouver que le petit nombre d'actes qui, depuis le 18 brumaire, ont été accomplis dans le sens de la terreur, furent directement opposés à l'esprit et à l'intérêt du gouvernement. Plus l'ordre se rétablit, plus il est certain qu'il n'y aura plus d'erreurs sur ce point important.

Nota. Je crois devoir observer moi-même que le mot *régulariser* n'est pas français; il est révolutionnaire. Le sujet que je traite m'a décidé à m'en servir, parce qu'il n'a pas de synonyme, et qu'il est d'autant plus inutile de lui en chercher un, que, dans peu de temps, on ne trouvera plus l'occasion de l'employer.

les Français formaient pour un gouvernement protecteur; ces hommes allèrent au-devant de lui avec confiance, et le 18 brumaire parut pour amortir toutes les craintes, et faire naître toutes les espérances.

En expliquant les événemens par leur véritable cause, je suis loin de prétendre diminuer la gloire de ceux qui les ont déterminés. Les Romains ne paraissent nulle part plus étonnans que dans l'ouvrage où Montesquieu met leur grandeur à la portée de tous les esprits. L'homme qui n'a jamais parlé que de son étoile jusqu'au moment où l'Europe entière fut d'accord sur ses moyens, se connaissait mieux et connaissait mieux son siècle, que s'il eût parlé de son aptitude à saisir et diriger les événemens.

CHAPITRE IX.

Quelques idées qui peut-être ne se tiennent pas.

Il y a des temps heureux où tout est habitude dans une Nation, alors les bons administrateurs suffisent, et parviennent même à faire croire que le gouvernement entier est dans l'administration. Il y a d'autres temps difficiles où tout le gouvernement est dans le caractère de celui qui gouverne; c'est alors qu'on reconnaît les erreurs des écrivains, la futilité des systêmes, la petitesse de la théorie, et la grandeur de l'homme.

Depuis qu'on s'est avisé de croire à la séparation des pouvoirs, on en a reconnu un qui délibère, un autre qui agit; mais est-il possible que l'un puisse toujours délibérer sans agir, et l'autre agir sans avoir délibéré ?

De ces deux pouvoirs, on demande quel est le premier. Aux yeux d'une nation, le premier est incontestablement celui qu'elle accuse quand elle éprouve des malheurs, et elle l'accuse moins souvent de les avoir causés, que d'avoir pu les prévenir et de ne l'avoir pas su.

Dans tous les livres, on regarde les corps délibérans comme destinés à tempérer la pétulance naturelle à l'action de commander. Par l'effet de la révolution, on croit généralement en France que c'est le pouvoir actif qui tempère la pétulance des corps qui délibèrent; et cette croyance repose sur des faits.

Il en résulte que maintenant la sagesse est supposée résider toute entière dans le pouvoir qui commande. En effet, sans ce pouvoir, après douze années de délibérations, que resterait-il de plus que la nécessité de délibérer encore ?

Est-il un seul Etat où l'action de commander ne soit précédée d'une délibération ? Il n'y a que les pays gouvernés militairement où cela arrive quelquefois. Tous les autres gouvernemens ne diffèrent que par les formes délibératives : dans beaucoup d'Etats, la délibération est un mystère, et la loi paraît sortir de la pensée du gouvernement comme Minerve sortit du cerveau de Jupiter ; dans d'autres, la loi se forme peu-à-peu et publiquement, et souvent on la voit avilie avant de savoir si on sera forcé de l'admirer.

Dire que l'esprit militaire a fondé le gouvernement actuel de la France, ce n'est pas dire que le gouvernement soit militaire. La France est encore de toutes les nations celle où on délibère le plus.

La révolution a tout détruit, même les destructions ; il ne restait rien, ni lois civiles, ni système d'administration, ni usages. Celui qui aurait voulu gouverner par sa seule volonté, appuyée de la force militaire, aurait été bien embarrassé, puisque chaque jour, chaque heure, et pour les faits les moins importans, il aurait été forcé d'être créateur, organe, commentateur et exécuteur de chaque loi.

Pour gouverner, il faut donc qu'il recrée l'administration, la justice, la police même; il faut en un mot, qu'il débrouille le chaos afin d'assurer sa tranquillité présente et son avenir, et il ne le peut qu'en travaillant à séparer l'esprit militaire de ce qui n'est pas gouvernement.

Dans cette opération, l'esprit de délibération vient s'allier avec l'esprit de commandement; les hommes instruits dans chaque partie sont appelés, consultés et autorisés à délibérer. Aussitôt se fait sentir le besoin de régler les formes délibératives.

La grande difficulté consiste à déterminer les bornes de l'action de délibérer, et à fixer celles de l'action de commander. On peut long-temps se tromper à cet égard quand il y a déja long-temps que l'on se trompe.

Avant 1789, qui aurait cru qu'il y avait tant de moyens de destruction dans l'action de délibérer?

On a beaucoup parlé de gouvernement vigoureux. La force n'est bonne que pour vaincre la résistance; quand il n'y a pas de résistance, la vigueur d'un gouvernement est toute entière dans la prévoyance.

On a aussi beaucoup parlé de souvenirs : ils ne sont pas dangereux On ne parle jamais des prétentions, et l'on a tort.

Si chacun pouvoit fixer la récompense du bien qu'il a fait ou croit avoir fait, la reconnoissance serait pour les nations un fardeau plus pesant que l'esclavage.

Dans l'acte que Charles II signa, le parlement avoit mis *amnistie* et *oubli ;* les courtisans prétendaient que c'était un double emploi. « Non, dit Charles II, *amnistie* pour mes ennemis, *oubli* pour mes amis. » Ce mot est d'un grand sens. Après une révolution, il serait d'une extrême injustice de beaucoup punir, et d'un extrême danger de beaucoup récompenser.

Si le plus grand danger, à la fin d'une révolution, ne peut naître que de l'excès des récompenses, le plus grand mal est nécessairement dans l'excès des prétentions.

Il y a bien des prétentions en France.

L'art de les ménager et de les combattre est encore un de ceux qu'on n'apprend pas dans les livres. Cependant, dans maintes circonstances, cet art est le plus important de tous ; car si les prétentions parvenaient à se mettre à découvert, après être sorti de la révolution des choses, on tomberait dans celle des hommes.

Cependant, à entendre les politiques-philosophes, il semblerait qu'une République ne peut se trouver que dans un Etat où la première place ne serait jamais occupée, afin que toutes les prétentions eussent plus de facilité pour se la disputer.

Un homme ou plusieurs hommes n'ont jamais le droit de demander à quel titre celui qui gouverne, gouverne. Une nation seule à ce droit, et quand elle en use, elle entre dans la carrière des révolutions.

La raison en est simple.

Dix, vingt ou trente millions d'hommes n'ont jamais eu, n'auront jamais une même volonté, encore moins une même opinion; ces dix, vingt ou trente millions d'hommes ne font une unité, désignée par le nom de *nation*, que sous la puissance d'un gouvernement.

Otez le gouvernement, il n'y a plus d'unité d'actions, d'intérêts, de volontés, d'opinions; donc toutes les fois qu'une Nation use du droit d'interroger le titre de celui qui la gouverne, elle tombe invinciblement dans les révolutions.

Et ce qui, plus que tout, prouve l'impossibilité de réunir les opinions, est certainement d'avoir vu l'homme de la terreur entouré d'adorateurs, regretté par des partisans, et de voir encore aujourd'hui plusieurs écrivains qui s'amusent à trouver quelque chose de sublime dans l'horrible chaos de son gouvernement, à peu près comme mademoiselle de Scudéri trouvait quelque chose d'extraordinairement noble dans la démarche des Furies.

CHAPITRE X.

Conclusion.

Je n'ai plus rien à dire pour repousser le systême qui fait naître du terrorisme l'esprit public militaire, ou tout autre systême qui supposerait la moindre alliance entr'eux.

L'esprit de la terreur a régné sur la France libre de toute influence de l'esprit militaire; cela est incontestable. Il en est résulté pour gouvernement, le Comité de salut public.

L'esprit militaire est venu à son tour; il a créé le gouvernement consulaire. Jugeons par les faits, c'est la seule manière de ne pas se tromper.

Qu'a voulu la terreur?

Au profit de la tyrannie, rendre la souveraineté du peuple active.

Aujourd'hui, au profit de la tranquillité publique, la souveraineté du peuple, entièrement passive, est un hommage que le gouvernement se rend à lui même au nom de la nation.

Qu'a voulu la terreur?

Mettre tous les Etats en démocraties, et toutes les démocraties dans une seule république.

Aujourd'hui toutes les nations sont respectées dans leurs gouvernemens, et tous les gouvernemens sont appelés, par l'esprit militaire, à fixer les destinées de l'Europe.

Qu'a voulu la terreur?

Anéantir toutes les religions, et les remplacer par le déisme ou l'athéisme, dont les effets, pour la société, sont absolument les mêmes.

Les religions qui existaient en France, ou qui y sont arrivées par la réunion de plusieurs pays, compteront dans les dépenses nationales, et le soin de les protéger fera partie des devoirs du gouvernement. Un ministre est créé pour que la tolérance accordée aux autres religions ne soit pas un sujet de troubles à venir pour l'état. La religion de l'immense majorité des Français est de nouveau rattachée à la grande famille des catholiques de toutes les parties du monde; et c'est dans cette importante négociation qu'il faut reconnaître que l'art si difficile de gouverner ne s'apprend pas dans les livres, puisque, depuis cinquante ans, tous les livres de philosophie-politique ont eu principalement pour but de séparer ce que le concordat tend à réunir.

Qu'a voulu la terreur?

Détruire toutes les propriétés pour enrichir le peuple.

Il est convenu aujourd'hui que la prospérité de l'agriculture et du commerce, seuls fondemens de la richesse du peuple, tient non-seulement au respect pour les propriétés, mais à une certaine étendue des propriétés. Le temps, maintenant, ne servira qu'à rendre cette vérité plus évidente (1).

---

(1) Si parmi tant de sottises, il en était une qui eût le privilége d'étonner, on resterait stupéfait en voyant que c'est dans les grandes villes que l'on prêche la nécessité de morceler les terres, tandis qu'il est évident que les villes n'ont d'existence assurée que par l'éten-

Qu'a voulu la terreur?

Éterniser les haînes par la proscription, et les proscriptions par la haîne.

Aujourd'hui les proscriptions et les haînes disparaissent devant l'intérêt de l'Etat.

Qu'a voulu la terreur?

Briser les familles par l'émancipation précoce des enfans et le divorce scandaleux des époux.

Aujourd'hui toutes les lois combattent pour recréer les familles.

Qu'a voulu la terreur?

Plonger les Français dans la barbarie, en anéantissant toutes les distinctions qui naissent du pouvoir, de l'éducation et de l'emploi des richesses.

Aujourd'hui les distinctions que la politesse des nations établit, reprennent leur ascendant, parce que la nation française retourne à la prospérité.

---

due des propriétés rurales. Ce sont, il est vrai, les citadins qui font des idylles, mais devait-on regarder des idylles comme des Traités d'économie-politique?

Qu'a voulu la terreur ?

Déraciner toutes les habitudes et n'en préparer qu'une, celle de la férocité.

Aujourd'hui nous revenons à nos usages, parce que, depuis qu'il nous est permis de nous estimer, nous sentons que tout fut honorable dans notre ancienne existence nationale.

Sur quoi reposait le système de la terreur?

Sur l'ignorance.

Quels étaient ses moyens en politique et en administration?

Un seul, la mort.

Aujourd'hui tout est retour vers l'ordre, tout est conservation, création ; la promptitude dans le bien est même écartée comme un moyen que l'on croit dangereux.

Je ne pousserai pas plus loin la liste des oppositions.

Mais il m'a paru nécessaire de remarquer une fois, 1°. qu'il y a autant de défaut de vues politiques que de dangers, à absoudre le crime en lui prêtant des résultats qu'il n'a pas eus, qu'il ne pouvait pas avoir ; 2°. que de l'ignorance la plus profonde de toutes idées sur l'art de gouverner, il ne pouvait pas naître un gouvernement *énergiquement constitué*; 3°. que l'agrandissement de la France n'est pas dû *aux armées de Roberspierre*, mais aux Armées françaises et à la paix; 4°. que la paix n'eût jamais été l'ouvrage du terrorisme, parce qu'elle dépendait plus encore de grandes conceptions politiques que de la victoire; 5°. que ceux dont la folie constante fut le renversement de tous les trônes et l'anéantissement de toutes les religions, n'avaient certainement dans la tête aucunes conceptions politiques; 6° qu'ils n'en pouvaient avoir aucunes, parce qu'ilsne connaissaient rien du gouvernement que ce qu'ils en avaient appris dans les livres des philosophes; 7°. que l'art de gouverner, le plus difficile de tous les arts, ne s'apprend pas dans les livres; 8°. enfin, que dans le moment où nous nous vantions ridiculement de nos lumières, nous n'en savions plus assez pour pouvoir soupçonner notre ignorance.

Cette dernière vérité est particulièrement celle que j'ai desiré établir. Si je pouvais la persuader aux hommes qui se sentent le besoin d'écrire sur la politique, je croirais avoir rendu un grand service à mon pays, car les peuples

n'auront

n'auront de respect véritable, d'admiration sentie, de reconnaissance durable pour ceux qui gouvernent, que lorsque les écrivains politiques auront cessé de jeter des systêmes à travers l'expérience, et qu'ils ne prendront la plume qu'avec cette sage défiance, cette modestie rigoureuse que doit inspirer la terrible pensée qu'une erreur en politique est trop souvent la cause des plus grands crimes.

Le préjugé philosophique et populaire que rien n'est si facile que l'art de gouverner, nous a valu la Révolution : pour en sortir autant que l'avenir est indépendant du passé, consentons à reconnaître, à propager cette vérité d'expérience, que l'art de gouverner ne peut jamais être ni philosophique, ni populaire, ni systématique; et pour mieux nous affermir dans ce sentiment, lisons l'Histoire, en attendant qu'un homme de génie écrive celle de notre temps.

BIBLIOTHEQUE ROYALE

www.ingramcontent.com/pod-product-compliance
Ingram Content Group UK Ltd.
Pitfield, Milton Keynes, MK11 3LW, UK
UKHW020428230726
13925UKWH00004B/1648